Mon QUIZ

Textes de Daniel Bensimhon
Illustrations d'Emmanuel Ristord

PÈRE CASTOR

175 questions

pour tester ses connaissances et apprendre en s'amusant en CE1.

Mathématiques (calcul, numération, mesures et géométrie)

Sciences (physique, technologie et santé)

EMC, Histoire et géographie (se repérer dans le temps et dans l'espace)

Vocabulaire (ville, jardin et musique)

Français (grammaire, conjugaison et orthographe)

D'après la série « Je suis en CE1 »
de Magdalena et Emmanuel Ristord
www.flammarion-jeunesse.fr

Éditions Flammarion – 82, rue Saint-Lazare – CS 10124 – 75009 Paris
ISBN : 9782080284556

Questions

Je suis une grande étendue d'eau salée et mon nom comporte 3 lettres.
Qui suis-je ?

Bâtiment d'habitation de plusieurs étages, mes appartements se situent les uns au-dessus des autres.
Qui suis-je ?

☐ une ferme ☐ un immeuble

Mon 1er est le verbe **aller** à la troisième personne du singulier au présent.
Mon second est ce que l'on ressent lorsqu'on voit un fantôme.
Mon tout est de l'eau à l'état gazeux.
Qui suis-je ?

Réponses page suivante →

Réponses
de la page précédente

la mer

un immeuble

la vapeur
(va-peur)

Questions

Do, ré, mi, fa sol, la, si, do !
Qui suis-je ?

La petite souris les prend sous l'oreiller lorsqu'elles sont tombées.
Quelles sont ces dents ?
☐ les molaires ☐ les dents de lait

C'est moi qui fait l'action dans la phrase.
Qui suis-je ?
☐ le complément ☐ le sujet

D'après une chanson, je suis un roi et j'ai mis ma culotte à l'envers.
Remets ces syllabes **dans l'ordre** pour **trouver** mon nom.
BERT DA GO

Réponses page suivante →

Réponses
de la page précédente

la gamme

les dents de lait

le sujet

Dagobert

Questions

Muscle vital qui pompe le sang
et le diffuse dans le corps.
Qu'est-ce que c'est ?

Remplace la première lettre du mot **tente** par une autre consonne et tu obtiendras un mot qui indique une descente.
Quel est ce mot ?

Je suis la partie du verbe qui change lorsqu'il est conjugué.
Je me situe à la fin du verbe.
Qui suis-je ?

☐ le radical ☐ la terminaison

Complète l'opération :
9 + ... = 6 + 6

Réponses page suivante ➔

Réponses
de la page précédente

le cœur

une pente

la terminaison

$9 + 3 = 6 + 6$

Questions

Quelle est l'opération inverse
de l'addition ?

☐ la multiplication
☐ la soustraction

Mon 1er est la première lettre
de l'alphabet.
Mon 2e est le verbe **vouloir**
au présent conjugué avec **je**.
Mon 3e est le contraire d'**habillée**.
Mon tout est une grande rue.
Qui suis-je ?

Mes parents viennent d'avoir
une petite fille.
Qui est-elle pour moi ?

☐ mon frère ☐ ma sœur

Réponses page suivante →

Réponses
de la page précédente

7 - 4 = 3

9 - 3 = 6

la soustraction

l'avenue
(a-veux-nue)

ma sœur

Questions

Mot composé de 2 lettres.
Nous sommes nombreux
à constituer le squelette.
Qui sommes-nous ?

Je suis l'unité de mesure
sur ta règle d'écolier.
Qui suis-je ?

Je suis un objet utile
pour arroser les plantes.
Qui suis-je ?

☐ l'arroseur ☐ l'arrosoir

Réponses page suivante →

Réponses
de la page précédente

les os

le centimètre

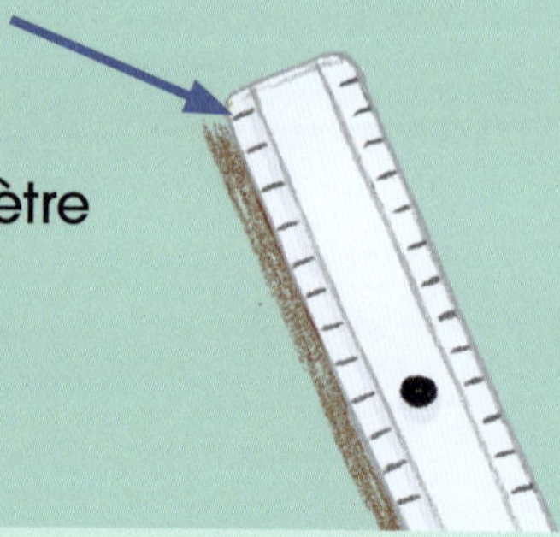

l'arrosoir

Questions

Quel est le pluriel du mot **œil** ?

Avec moi, on peut recevoir un signal et diffuser une information. **Remets** ces syllabes **dans l'ordre** pour **savoir** qui je suis.

TENNE AN

Cette période historique se situe après l'Antiquité et avant les Temps modernes. C'est l'époque des châteaux forts, des chevaliers et des cathédrales. **C'est...**

☐ la préhistoire ☐ le Moyen Âge

J'ai la forme d'un cerf-volant et j'ai 4 côtés.

Qui suis-je ?

☐ le cercle ☐ le losange

Réponses page suivante →

Réponses
de la page précédente

des yeux

une antenne

le Moyen Âge

le losange

Questions

Je garde et protège les bateaux.

Je suis...

☐ le porc ☐ le port

Je suis l'ancêtre du piano. Mes cordes ne sont pas frappées mais pincées. Mozart jouait beaucoup de cet instrument.

Remets ces syllabes **dans l'ordre** pour **trouver** mon nom.

CIN VE CLA

Mon 1er est un parasite qui se met dans les cheveux et qui démange. Mon second est le masculin de **ma**. Mon tout est un organe lié à la respiration.

Qui suis-je ?

Réponses page suivante →

Réponses
de la page précédente

le port

le clavecin

le poumon
(pou-mon)

Questions

Obélix nous adore.
Nous ressemblons à des cochons sauvages avec de longs poils.
Qui sommes-nous ?

Nous sommes tous des verbes du même groupe et notre infinitif se termine en « **er** ».
De quel groupe s'agit-il ?

L'ouïe, l'odorat, le goût, le toucher…
Connais-tu le nom du cinquième sens des humains ?

Réponses page suivante →

Réponses
de la page précédente

les sangliers

Aimer, danser, nager, chanter... sont des verbes du **premier groupe**.

la vue

Questions

Quel est le masculin du mot **factrice** ?

Je suis un muscle du bras qu'on appelle parfois « biscoto ». **Qui suis-je ?**

Je suis le premier roi des Francs. J'ai accepté d'être baptisé et je suis ainsi devenu chrétien. **Qui suis-je ?**

☐ Clovis ☐ Cro-Magnon

Si on ajoute un zéro au nombre **10**, **qu'obtient-on ?**

☐ une unité ☐ une centaine

Réponses page suivante →

Réponses
de la page précédente

facteur

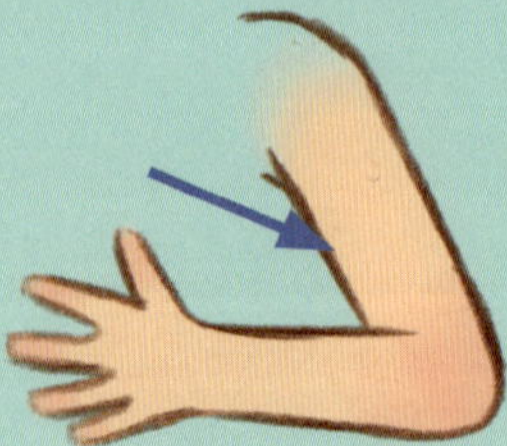

le biceps

Clovis

100 une centaine

Questions

Combien font **4 x 4** ?

Je suis constituée de trois mots : **liberté, égalité, fraternité**.

Qui suis-je ?

☐ l'hymne national
☐ la devise républicaine

Je suis un ensemble de fleurs plantées les unes à côté des autres.

Qui suis-je ?

☐ un bouquet de fleurs
☐ un massif de fleurs

Pour bloquer les bactéries dans l'organisme, on utilise ce type de médicaments. **Remets** ces syllabes **dans l'ordre** pour **trouver** son nom.

QUES TI BIO TI AN

Réponses page suivante →

Réponses
de la page précédente

16

la devise républicaine

un massif de fleurs

les antibiotiques

Questions

Mot de 3 lettres qui partage une figure dans sa symétrie.
Quel est ce mot ?

Pour conjuguer un verbe, il faut repérer la personne, si c'est au singulier ou au pluriel, et une information qui indique quand cela se passe.
Qu'est-ce que c'est ?

☐ le sujet ☐ le temps

C'est le petit frère de ma maman.
Qui est-ce ?

Réponses page suivante →

Réponses
de la page précédente

l'axe

le temps

mon oncle

Questions

Quel est le nom de l'accent que l'on trouve sur le **e** de **vélo** ?

Cet événement marque le début de l'ère chrétienne et de notre calendrier. Les chrétiens fêtent Noël à ce moment-là. **C'est...**

☐ la naissance de Jésus-Christ
☐ la maîtrise du feu

Mon 1er est ce que l'on a en plus après chaque anniversaire.
Mon second pond des œufs.
Mon tout permet d'éclairer une pièce de la maison.
Qui suis-je ?

Dans cette salle de spectacle, les acteurs sont sur la scène et en coulisse. **Laquelle ?**

☐ le cinéma ☐ le théâtre

Réponses page suivante →

Réponses
de la page précédente

l'accent aigu

la naissance
de Jésus-Christ

l'ampoule
(an-poule)

le théâtre

Questions

Je suis un matériau qui ne conduit pas l'électricité.

Quel est mon nom ?

☐ un matériau conducteur

☐ un matériau isolant

19, c'est le poids d'une petite souris.

En quoi ce poids est-il exprimé ?

☐ en grammes

☐ en kilogrammes

À partir du féminin du mot **beau**, change la première lettre et remplace-la par une autre consonne. Tu obtiens un outil de jardinage. **Lequel ?**

Réponses page suivante →

Réponses
de la page précédente

un matériau isolant

en grammes

une pelle

Questions

La trompette est un instrument **qu'on appelle** :
☐ à vent ☐ à cordes

J'adore les noisettes et les noix mais aussi les fruits et les pommes de pin. J'ai une longue queue rousse en panache et je vis dans les bois.
Qui suis-je ?

Dans un cube, il y en a **6** et elles sont carrées.
De quoi s'agit-il ?

Les veines sont des vaisseaux qui transportent le sang rempli d'oxygène vers l'estomac.
Vrai ou faux ?

Réponses page suivante →

Réponses
de la page précédente

à vent

l'écureuil

des faces

faux
(elles transportent le sang
oxygéné vers le cœur)

Questions

Je protège de certaines maladies.
Qui suis-je ?
☐ le vaccin ☐ le virus

Je suis l'hymne national de la France. Je suis joué lors de grands événements comme des rencontres sportives.
Qui suis-je ?

Je suis le temps qui indique que l'action se passe maintenant.
Quel est ce temps ?
☐ le futur ☐ le présent
☐ le passé composé

Pour rentrer en classe, les CE1 de Maître Luc se rangent et forment **3 colonnes de 5 élèves** chacune.
Combien y a-t-il d'élèves ?

Réponses page suivante →

Réponses
de la page précédente

le vaccin

la Marseillaise

le présent

15 élèves

Questions

Quand il n'y en a qu'un seul,
qu'est-ce que c'est ?
☐ du singulier ☐ du pluriel

Lorsqu'un os est cassé,
de quoi parle-t-on ?
☐ d'une cassure
☐ d'une fracture

Nous sommes **7** et, grâce à nous, la musique peut être jouée même si parfois certaines sont fausses.
Qui sommes-nous ?

Midi est un synonyme de **12 heures**.
Vrai ou faux ?

Réponses page suivante →

Réponses
de la page précédente

du singulier

d'une fracture

les notes (de musique)

vrai

Questions

Dans la ferme, il y a 9 lapins et deux fois plus de poules. **Combien y a-t-il de poules ?**

Je suis la structure osseuse du corps humain. Les fantômes sont mes amis. **Qui suis-je ?**

Sur certaines plages, le vent forme des monticules de sable. Celle du Pilat est très connue. **De quoi s'agit-il ?**

Quel outil utilise-t-on pour couper des grosses branches ?

- ☐ la débroussailleuse
- ☐ la tronçonneuse

Réponses page suivante →

Réponses
de la page précédente

18 poules

le squelette

la dune

la tronçonneuse

Questions

Je joue de la musique et je peux faire partie d'un orchestre. **Qui suis-je ?**

Dans une articulation, je relie les os entre eux. **Remets** ces syllabes **dans l'ordre** pour **trouver** qui je suis.

MENT GA LI

Nous sommes des espaces de terre à cultiver. On y trouve parfois du blé, de l'orge ou encore du maïs. **Qui sommes-nous ?**

☐ les champs ☐ les forêts

Pour mesurer la longueur d'une pièce, **quelle unité utilise-t-on ?**

☐ le mètre ☐ le kilomètre

Réponses page suivante →

Réponses
de la page précédente

le musicien

le ligament

les champs

le mètre

Questions

Je suis une terre entourée d'eau.
Je peux être petite ou grande.
Qui suis-je ?

Je suis une gigantesque tour dans les grandes villes. Je suis si haute qu'on dirait que je touche le ciel.
Qui suis-je ?

☐ le lotissement ☐ le gratte-ciel

Avec mes amies nous formons la colonne vertébrale du squelette.
Qui sommes-nous ?

☐ les vertèbres ☐ les triceps

Je, tu, il, elle, nous, vous, ils, elles.
Qui sommes-nous ?

☐ des adjectifs
☐ des pronoms personnels

Réponses page suivante →

Réponses
de la page précédente

l'île

le gratte-ciel

les vertèbres

des pronoms personnels

Questions

Quel est le féminin du mot **vendeur** ?

Je suis un général romain. J'ai vaincu les Gaulois dirigés par Vercingétorix en l'an 54 avant Jésus-Christ. **Qui suis-je ?**

☐ Louis XIV ☐ Jules César

Lorsque tu as de la fièvre, tu la mesures avec un thermomètre. **De quoi s'agit-il ?**

Réponses page suivante →

Réponses
de la page précédente

vendeuse

Jules César

la température

Questions

J'ai **3 zéros** dans mon chiffre.
Qui suis-je ?

Je suis un mot important dans la phrase car j'indique l'action.
Qui suis-je ?

En 1789, le peuple de Paris se soulève contre la royauté et les privilèges des nobles.
Comment s'appelle cet événement ?

☐ la Révolution française
☐ la chute de l'empire romain

Lorsque tu as une carie,
où as-tu mal ?

Réponses page suivante →

Réponses
de la page précédente

le millier

le verbe

la Révolution française

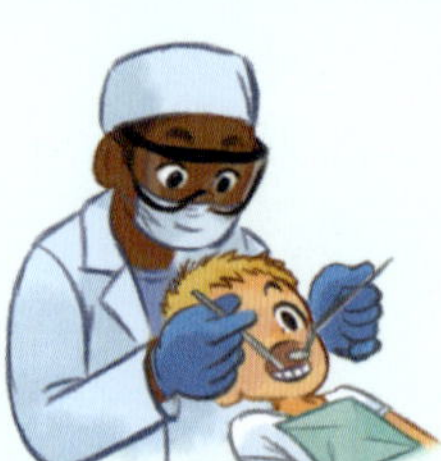

aux dents

Questions

Je suis constitué de **7** unités et **4** dizaines. **Qui suis-je ?**

À la plage, je peux être haute ou basse. **Qui suis-je ?**

Je suis la partie du verbe qui ne change pas lorsqu'il est conjugué. **Qui suis-je ?**

☐ le radical ☐ la terminaison

Quand tu cherches une information sur Internet, **on dit que** :

☐ tu surfes sur Internet

☐ tu skies sur Internet

Réponses page suivante →

Réponses
de la page précédente

47

la marée

le radical

tu surfes sur Internet

Questions

Nous sommes les parents des grands-parents.

Qui sommes-nous ?

☐ les oncles
☐ les arrière-grands-parents

Mon 1er est la première syllabe du mot **figue**.
Mon 2e est la sixième note de la gamme de do.
Mon 3e est la première syllabe du verbe **mentir**.
Mon tout est un fil de métal qui s'allume dans l'ampoule.

Qui suis-je ?

Trouve l'intrus ?

☐ avion ☐ camion
☐ loin ☐ pion

Réponses page suivante →

Réponses
de la page précédente

les arrière-grands-parents

le filament
(fi-la-men)

loin
(il ne contient pas
le son « ion »)

Questions

Le poignet est une articulation. **Vrai ou faux ?**

Je suis l'endroit du jardin où poussent les légumes. Ce n'est pas pour rien que, dans mon nom, on trouve le mot **potage**. **Qui suis-je ?**

Mon 1er sert à transporter de l'eau.
Mon 2e sert à dormir.
Mon 3e est le nombre après **1**.
Mon tout est un objet géométrique en volume. **Qui suis-je ?**

Je suis le nom donné à l'endroit où un fleuve se jette dans la mer.
Qui suis-je ?

☐ la source ☐ l'embouchure

Réponses page suivante →

Réponses
de la page précédente

vrai

le potager

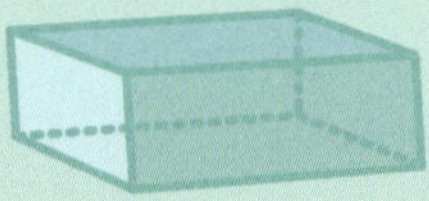

le solide
(seau-lit-deux)

l'embouchure

Questions

Quelle est la dernière lettre du mot **pie** ?

Mon surnom est le Roi-Soleil.
J'ai fait beaucoup de guerres
et j'ai fait construire le château
de Versailles. **Qui suis-je ?**

On y trouve des clowns,
des acrobates, des animaux
domptés et souvent un chapiteau.
De quel lieu de spectacle s'agit-il ?

Avec la chaleur, l'eau
se transforme en gaz.
De quel phénomène s'agit-il ?

☐ l'évaporation ☐ la solidification

Réponses page suivante →

Réponses
de la page précédente

e
(c'est une lettre muette
car on ne l'entend pas).

Louis XIV

le cirque

l'évaporation

Questions

Je suis le premier mot de la devise républicaine.

Qui suis-je ?

Mon 1er est la onzième lettre de l'alphabet.
Mon 2e est la première syllabe du mot **retour**.
Mon 3e est l'appareil qui permet de faire cuire un poulet ou du pain.
Mon tout est une intersection de rues.

Qui suis-je ?

C'est le temps qui indique que l'action se passera plus tard, demain par exemple.

Quel est ce temps ?

☐ le futur ☐ le présent
☐ le passé composé

Réponses page suivante →

Réponses
de la page précédente

la liberté

le carrefour
(k-re-four)

le futur

Questions

De quel sens les oreilles sont-elles l'organe ?

Je suis un tout petit instrument à vent qui donne des harmonies, (divers sons qui vont bien ensemble). Remets ces syllabes dans l'ordre pour trouver mon nom.

CA NI MO HAR

Pour mesurer une quantité d'eau ou de lait, quelle unité utilise-t-on ?

☐ le mètre ☐ le litre

Nous sommes les 4 points qui indiquent le nord, le sud, l'est et l'ouest. Qui sommes-nous ?

☐ les points cardinaux

☐ les points de suspension

Réponses page suivante →

Réponses
de la page précédente

l'ouïe

l'harmonica

le litre

les points cardinaux

Questions

Avec moi, tu peux tracer des traits bien droits et mesurer des segments.
Qui suis-je ?

Pierre est le fils de mon oncle, le frère de maman.
Qui est Pierre pour moi ?

- ☐ mon cousin germain
- ☐ mon oncle

Un circuit fermé laisse passer le courant électrique et la lampe s'allume.
Vrai ou faux ?

Je conduis une moto. Je porte un casque et des gants.
Quel est mon nom ?

☐ le cycliste ☐ le motard

Réponses page suivante →

Réponses
de la page précédente

la règle

mon cousin germain

vrai

le motard

Questions

Je suis la face intérieure de la main.
Remets ces lettres **dans l'ordre** pour **trouver** qui je suis.

E M U A P

En grec, **hecto** signifie « cent ».
Alors, **qu'est-ce qu'un hectomètre ?**

☐ 100 mètres ☐ 100 kilomètres

Comment s'appelle l'élément que les hommes préhistoriques maîtrisaient, qui leur permettait de cuire les aliments et s'éclairer ?

☐ le feu ☐ l'électricité

Réponses page suivante →

Réponses
de la page précédente

la paume

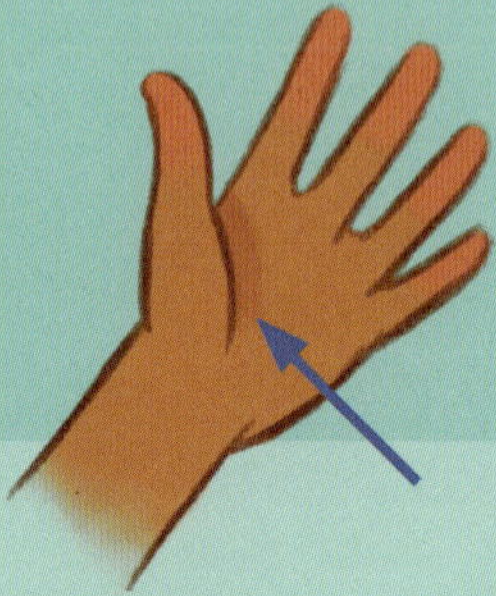

100 mètres

le feu

Questions

Je suis un instrument à vent qui peut émettre des sons très aigus. Je peux être « à bec » ou « traversière ».
Qui suis-je ?

J'use les falaises et les roches avec la pluie, le vent et la force des vagues. **Remets** ces syllabes **dans l'ordre** pour **trouver** mon nom.
SION RO É

Dans une journée, nous sommes **24**. Chacune de nous est constituée de **60 minutes**.
Qui sommes-nous ?

Réponses page suivante →

Réponses
de la page précédente

la flûte

l'érosion

les heures

Questions

Je suis celui qui complète l'action dans la phrase. Je donne des informations sur le verbe.

Qui suis-je ?

☐ le complément ☐ le sujet

Mon 1er est la troisième lettre de l'alphabet.
Mon 2e est la première syllabe du mot **cadeau**.
Mon 3e est la dernière syllabe du mot **facteur**.
Mon tout est un outil de jardin pour couper les petites branches.

Qui suis-je ?

Grâce à eux, le corps humain peut effectuer des mouvements.
Ils montrent aussi la force d'un individu.

Qui sont-ils ?

Réponses page suivante →

Réponses
de la page précédente

le complément

le sécateur
(c-ca-teur)

les muscles

Questions

Quel est le masculin du mot **sorcière** ?

Dans le corps humain, notre rôle est de relier les muscles aux os. **Qui sommes-nous ?**

Je ne suis pas un arbre comme les autres. Sur mes branches, je porte tous les membres d'une même famille. **Qui suis-je ?**

Je suis un petit instrument à cordes que l'on tient entre le menton et l'épaule. **Qui suis-je ?**

☐ la guitare ☐ le violon

Réponses page suivante →

Réponses
de la page précédente

sorcier

les tendons

l'arbre généalogique

le violon

Questions

Quelle opération fait-on lorsqu'on ajoute un objet ?

- ☐ une addition
- ☐ une soustraction

Mon 1er sert à attacher les lacets de chaussure.
Mon second est le verbe **vouloir** conjugué au présent, à la première personne du singulier.
Mon tout est le fils de mon frère ou de ma sœur.
Qui suis-je ?

Dans le jardin, je permets de transporter des feuilles mortes, des branches, des choses lourdes.
Remets ces syllabes **dans l'ordre** pour **trouver** mon nom.

ETTE **BROU**

Réponses page suivante →

Réponses
de la page précédente

21 + 6 = 27

6 + 3 = 9

une addition

2 + 3 = 5

le neveu
(nœud-veux)

la brouette

Questions

À partir de 0 °C, l'eau se durcit. **De quoi s'agit-il ?**

☐ la solidification ☐ la fusion

Je suis un instrument à vent de forme circulaire. Dans la forêt, on m'entend de loin.
Mon nom est composé de 3 lettres, et si on me lit à l'envers on obtient le mot **roc**. **Qui suis-je ?**

Mon 1er est la première syllabe du mot **gâteau**.
Mon second est le contraire de **beau**.
Mon tout est une pierre sur la plage.
Qui suis-je ?

433, 571, 27, 859.
Ces nombres sont-ils pairs ou impairs ?

Réponses page suivante →

Réponses
de la page précédente

la solidification

le cor

le galet
(gâ-laid)

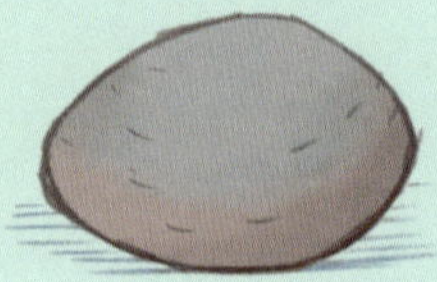

impairs

Questions

Nous sommes de chaque côté de la rue, et les piétons y marchent en sécurité. **Qui sommes-nous ?**

En 1492, Christophe Colomb traverse l'océan Atlantique et découvre un monde inconnu. **Qu'est-ce que c'est ?**

- ☐ la machine à vapeur
- ☐ la découverte du Nouveau monde

Quel est le nom de l'accent que l'on trouve sur le premier **a** de **gâteau** ?

Réponses page suivante →

Réponses
de la page précédente

les trottoirs

la découverte
du Nouveau monde

l’accent circonflexe

Questions

Je n'ai ni angles, ni côtés, ni sommets.
Qui suis-je ?
☐ le cercle ☐ le losange

Mon 1er est la quinzième lettre de l'alphabet.
Mon 2e est la troisième lettre de l'alphabet.
Mon 3e est la dernière syllabe du bruit de l'âne « hi ... ».
Mon tout est une étendue salée et immense. **Qui suis-je ?**

Avec un circuit ouvert, le courant électrique ne passe pas et la lampe ne s'allume pas.
Vrai ou faux ?

Réponses page suivante →

Réponses
de la page précédente

le cercle

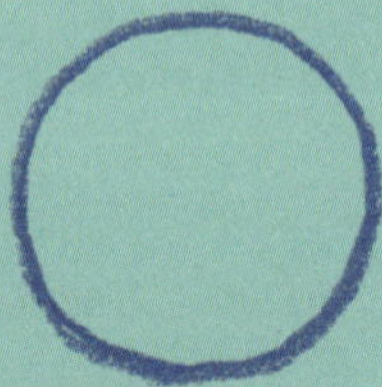

l'océan
(o-c-han)

vrai
(le courant passe lorsque le circuit est fermé)

Questions

Je suis un instrument pour vérifier si un angle est droit et le tracer.
Qui suis-je ?

Ma maman a une sœur qui est plus jeune qu'elle.
Qui est-elle pour moi ?

☐ ma cousine ☐ ma tante

Elles maintiennent les dents dans la bouche. **Remets** ces lettres **dans l'ordre** pour **trouver** leur nom.

S E V I C N E G

Quel est l'intrus ?

☐ chien ☐ peintre
☐ indien ☐ bien

Réponses page suivante →

Réponses
de la page précédente

l'équerre

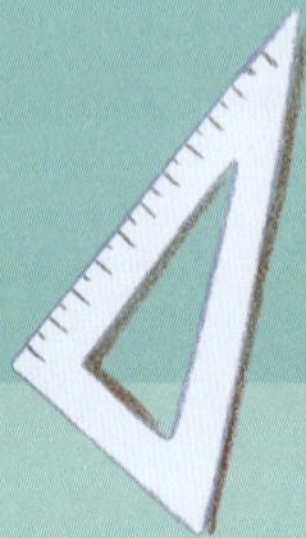

ma tante

les gencives

peintre
(il ne contient pas
le son « ien »)

Questions

Journal, cardinal, cheval...
Quel est le pluriel de ces mots ?

Je suis un outil de jardinage qui sert à biner la terre (c'est-à-dire à l'aérer pour que les plantes poussent plus facilement). **Qui suis-je ?**

- ☐ la binette
- ☐ la bicyclette

Je suis une dent située à l'avant de la bouche. Je sers à couper les aliments. **Qui suis-je ?**

- ☐ la dent de sagesse
- ☐ l'incisive

Réponses page suivante →

Réponses
de la page précédente

aux
(journaux, cardinaux, chevaux)

la binette

l'incisive

Questions

Un conducteur d'électricité conduit une voiture électrique. **Vrai ou faux ?**

Les bateaux me voient dans la nuit ou dans la tempête, je leur indique l'entrée du port. **Qui suis-je ?**

☐ le phare ☐ la bougie

Je suis un instrument à vent fait en bois. **Remets** ces syllabes **dans l'ordre** pour **trouver** mon nom.

NETTE RI CLA

Basil a **25** crayons : **3** crayons sont des crayons de papier, les autres sont des crayons de couleurs. **Combien** a-t-il de crayons de couleurs ?

Réponses page suivante →

Réponses
de la page précédente

faux
(c'est un objet ou un matériau qui laisse passer l'électricité)

le phare

la clarinette

22 crayons de couleurs

Questions

Je conduis une voiture, mais dans les embouteillages mes syllabes se sont mélangées. **Remets**-les **dans l'ordre** pour **trouver** qui je suis.

TO AU BI LIS TE MO

Au milieu du xxe siècle, une terrible guerre a ravagé l'Europe. Elle a pris une dimension mondiale et a duré six années, de 1939 à 1945.

Quel est cet événement ?

- ☐ la Seconde Guerre mondiale
- ☐ la Première Guerre mondiale

Quel est l'intrus ?

☐ orteil	☐ miel
☐ sommeil	☐ réveil

Réponses page suivante →

Réponses
de la page précédente

l'automobiliste

la Seconde Guerre mondiale

miel
(il ne contient pas le son « eil »)

Questions

Bien plus gros que les biceps, nous sommes situés à l'arrière du bras. **Qui sommes-nous ?**

☐ les mollets ☐ les triceps

Mon 1er est un endroit à l'extérieur où tu vas jouer.
Mon second est l'unité de mesure pour les distances.
Mon tout délivre des tickets de stationnement pour les voitures.
Qui suis-je ?

Je suis un des symboles de la République française. Coiffée d'un bonnet phrygien, mon buste se trouve dans les mairies. Je figure sur les pièces de monnaie et les timbres.
Qui suis-je ?

Réponses page suivante →

Réponses
de la page précédente

les triceps

le parcmètre
(parc-mètre)

Marianne

Questions

Je suis un minuscule organisme qui peut donner des maladies parfois graves. **Qui suis-je ?**

Quel bazar dans ce champ !
Nos lettres se sont toutes mélangées.
Nous sommes l'activité principale des cultivateurs. **Qui sommes-nous ?**

E U C U L R S T

Qui est le plus grand ?

☐ 3 centaines et 25 unités
☐ 20 dizaines et 25 unités

Réponses page suivante →

Réponses
de la page précédente

le microbe

les cultures

3 centaines
et 25 unités

Questions

J'ai 6 faces identiques et toutes carrées. Je sers aussi dans les jeux de construction. **Qui suis-je ?**

Il pleut, l'eau coule sur le sol, remplit les cours d'eau ou les flaques puis s'évapore et forme des nuages. Il pleut à nouveau... **Comment s'appelle ce phénomène ?**

☐ la marée ☐ le cycle de l'eau

Je suis un immeuble avec beaucoup d'étages et plusieurs ascenseurs. Mon nom comporte 4 lettres.
Qui suis-je ?

Lorsque je suis votée, je m'applique à tous. Mon nom est composé de 3 lettres. **Qui suis-je ?**

Réponses page suivante →

Réponses
de la page précédente

le cube

le cycle de l'eau

la tour

la loi

Questions

Lorsqu'une articulation se tord violemment, **de quoi s'agit-il ?**

☐ d'une entorse ☐ d'une fracture

Je suis le nom donné à la pointe d'un triangle.

Qui suis-je ?

☐ le sommet ☐ l'angle

Quel est le nom de l'accent que l'on trouve sur le premier **e** de **sirène** ?

Réponses page suivante →

Réponses
de la page précédente

d'une entorse

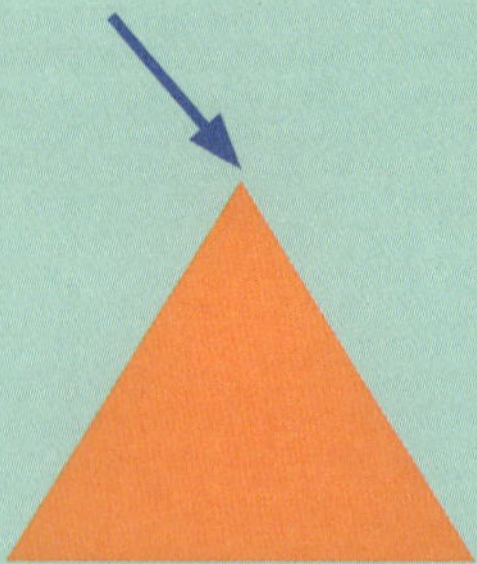

le sommet

l'accent grave

Questions

Un intrus s'est glissé dans cette suite. **Lequel ?**

21 24 26 27 30 33

Mon 1er est un appareil pour faire cuire une tarte ou du pain. Mon second est la première syllabe du mot **cheveu**. Mon tout est un outil de jardin à trois dents. **Qui suis-je ?**

Je coupe ou j'active l'électricité lorsque je suis actionné.

Qui suis-je ?

☐ la prise ☐ l'interrupteur

Avec des filets ou avec des cannes, cette activité permet d'attraper des poissons.

De quoi s'agit-il ?

Réponses page suivante →

Réponses
de la page précédente

26 (compter de 3 en 3)

la fourche
(four-che)

l'interrupteur

la pêche

Questions

Je dirige les musiciens lors de concerts.
Qui suis-je ?

Je peux être petite ou grande.
Je suis de l'eau qui coule,
et mon nom débute par
la syllabe **ri**.
Qui suis-je ?

En pesant les légumes,
le maraîcher a atteint 1 000 grammes
sur sa balance.
À quoi cela correspond-il ?

☐ 1 kilogramme ☐ 1 tonne

J'ai parfois besoin d'être vidée
de toute l'urine que je contiens.
Remets ces syllabes dans **l'ordre**
pour **trouver** qui je suis.

SIE VES

Réponses page suivante →

Réponses
de la page précédente

le chef d'orchestre

la rivière

1 kilogramme

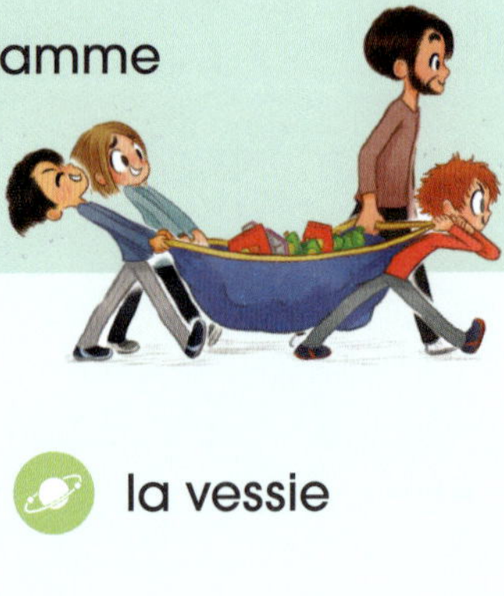

la vessie

Questions

Sur une carte de géographie, je suis à l'opposé du Sud.
Qui suis-je ?

Mon 1er signifie « à l'intérieur ».
Mon 2e est la dernière syllabe du mot **petit**.
Mon 3e est la dernière syllabe du mot **addition**.
Mon tout représente toutes les dents dans la bouche.
Qui suis-je ?

C'est le temps qui indique que l'action s'est passée hier ou avant.
Quel est ce temps ?

☐ le futur ☐ le présent
☐ le passé composé

Réponses page suivante →

Réponses
de la page précédente

le Nord

la dentition
(dans-tit-tion)

le passé composé

Questions

Je suis un instrument à percussions fait de caisses et de cymbales.
Qui suis-je ?

J'indique comment écrire le verbe selon le temps ou la personne.
Remets ces syllabes **dans l'ordre** pour **trouver** mon nom.
CORD AC

C'est la période de l'homme des cavernes.
Quelle est cette période historique ?
☐ l'Antiquité ☐ la Préhistoire

Léa et Ana jouent aux billes.
Elles ont **25** billes chacune.
Léa perd **7** billes.
Combien de billes a-t-elle à la fin ?
☐ 18 billes ☐ 32 billes

Réponses page suivante →

Réponses
de la page précédente

la batterie

l'accord

la Préhistoire

18 billes

Questions

Elle relie 2 os et permet le mouvement.

Qu'est-ce c'est ?

☐ l'articulation ☐ le muscle

Ce sportif vient d'effectuer
1 000 mètres à la nage.

À quoi cela correspond-il ?

☐ un hectomètre ☐ un kilomètre

J'indique les mois et les jours
de l'année.

Qui suis-je ?

Elle peut être routière ou ferroviaire.
C'est un endroit où l'on prend
des bus ou des trains.

Qu'est-ce que c'est ?

Réponses page suivante →

Réponses
de la page précédente

l'articulation

un kilomètre

le calendrier

la gare

Questions

À partir de 100 °C, l'eau se met à bouillir. **Comment s'appelle ce phénomène ?**

☐ la solidification ☐ l'ébullition

Le 21 juillet 1969, un homme met le pied pour la première fois sur l'unique satellite naturel de la Terre. **Quel est cet événement ?**

☐ Neil Armstrong marche sur la Lune.

☐ Une sonde se pose sur la planète Mars.

Quel est le féminin pluriel de la phrase « Il est fini » ?

☐ elle est finie

☐ elles sont finies

Réponses page suivante →

Réponses
de la page précédente

l'ébullition

Neil Armstrong marche sur la Lune.

elles sont finies

Bravo,
tu as répondu
à toutes
les questions !

Retrouvez la collection des QUIZ de la maternelle au CE2 !

N° d'édition : L01EJEN002072.N001 / 447982-0
Dépôt légal : août 2023
Imprimé en Chine par C&C – mars 2023
Loi n° 49-956 du 16 juillet 1949 sur les publications destinées à la jeunesse